SOCIÉTÉ FRANÇAISE
POUR L'ABOLITION DE L'ESCLAVAGE.

DES

COLONIES ANGLAISES

DEPUIS

L'ÉMANCIPATION DES ESCLAVES,

ET

DE L'INFLUENCE DE CETTE ÉMANCIPATION

SUR LES COLONIES FRANÇAISES.

PAR M. F. DE MONTROL.

SECONDE PUBLICATION.

PARIS,
IMPRIMERIE DE PAUL DUPONT ET Cⁱᵉ,
RUE DE GRENELLE-SAINT-HONORÉ, Nᵒ 55.

FÉVRIER 1835.

MEMBRES FONDATEURS.

Président, M. le duc DE BROGLIE, pair de France; vice-présidens, MM. PASSY, ODILON-BARROT; secrétaires, MM. Alex. DE LA BORDE, ISAMBERT, députés.—BÉRENGER, député; BERVILLE, avocat-général; CARNOT; DE GERANDO, conseiller d'état; DESJOBERT, DE GOLBERY, députés; DUTRÔNE, conseiller à la cour royale d'Amiens; G. LAFAYETTE, DE LAMARTINE, députés; LAINÉ DE VILLEVÉQUE, ancien député; LACROSSE, LAROCHEFOUCAULT-LIANCOURT, députés; LUTTEROTH; marquis DE MORNAY, député; F. DE MONTROL; Ch. DE RÉMUSAT, député; baron ROGER (du Loiret); DE SADE, SALVERTE, députés; DE SAINTE-CROIX; DE TRACY, député; le vice-amiral VERRUELL, pair de France.

DES COLONIES ANGLAISES

DEPUIS

L'ÉMANCIPATION DES ESCLAVES,

ET

DE L'INFLUENCE DE CETTE ÉMANCIPATION

SUR LES COLONIES FRANÇAISES.

RAPPORT

Lu à la Société pour l'Abolition de l'Esclavage,

PAR M. F. DE MONTROL.

§ 1.

L'émancipation des esclaves est proclamée depuis le 1er
août 1834 dans les colonies anglaises. Comme question de
politique et d'humanité, cet acte solennel excite un im-
mense intérêt; c'est un événement qui signalerait un siècle
moins fertile en grands événemens. Ses résultats, prévus
avec inquiétude, attendus avec anxiété par l'Angleterre,
doivent maintenant préoccuper la France; car la France ne
peut rester en arrière d'aucune civilisation. Elle a devant
les yeux un fait accompli; une grande expérience à consul-
ter, et sans doute une noble tâche à remplir. Voici pour
elle le moment d'imiter un acte dont la justice est incontestable, dont la nécessité paraît impérieuse, dont l'opportunité seule peut être discutée.

Si nous vivons à une époque où le droit de liberté universelle n'est plus contesté, la supériorité du travail de l'homme libre sur celui de l'esclave est presque également reconnue. C'est une vérité que quelques esprits aveugles ou intéressés repoussent en vain; la science économique en a prouvé l'évidence. Elle a pour elle en Angleterre, en Amérique, en Russie même, terre exceptionnelle de la féodalité et du servage européens, le témoignage de tous les voyageurs, de tous les écrivains qui l'ont étudiée par eux-mêmes, ou qui ont médité le témoignage des autres pour former leur opinion à ce sujet. Adam Smith, Clarkson, Wilberforce, Burke, Francklin, Koster dans son voyage au Brésil, Marsden dans l'histoire de Sumatra, et plus récemment lord Brougham dans sa politique coloniale, ont mis cette question hors de doute. Storck atteste par vingt exemples qu'on ne peut comparer le travail des ouvriers affranchis à celui des Moscovites en servitude. Parmi nous MM. Moreau de Jonnès, Dufau et plusieurs autres économistes ont réuni une foule de preuves à l'appui de cette assertion.

On a calculé que 40,000 cultivateurs ordinaires produiraient plus que les 300,000 esclaves de nos colonies. On s'est rappelé que les travaux les plus pénibles, ceux du défrichement de nos Antilles, avaient été opérés par des Européens. On a vu qu'à Java, à Batavia, dans plusieurs contrées des deux Indes, des États-Unis, et dans tout le Mexique, la canne était cultivée sans le secours des nègres. La Vera-Cruz, qui naguère encore ne produisait pas une livre de sucre, en exportait déjà 120,000 quintaux à l'époque où M. de Humboldt visitait la Nouvelle Espagne. On sait aussi qu'à la Louisiane et à la Barbade des familles allemandes et irlandaises se livrent avec succès à ce genre de culture. Si les ouvriers transportés dans nos colonies y ont souvent péri de fatigue, c'est qu'ils étaient trop souvent choisis dans la lie de la population et parmi des hommes perdus d'excès et de débauches. Et J. B. Say, qui s'était d'abord laissé préoccuper de cette vieille et fausse idée que le travail forcé des nègres peut seul féconder le sol brûlant des Antilles, convaincu par les faits exprimés dans une lettre de M. Hodgson, a proclamé son erreur. Aujourd'hui même les colons les plus éclairés, et celui d'entre leurs délégués auquel ses études et son expérience donnent le plus d'autorité, se sont rangés à cet avis. Ainsi, avec la justice de l'abolition de l'esclavage, son utilité est presque universellement démontrée.

Pour juger de sa nécessité, il ne faut que considérer la situation de nos colonies au milieu des colonies anglaises nouvellement émancipées; voir la Martinique séparée au sud et au nord par un canal de sept lieues de Sainte-Lucie et de la Dominique; la Guadeloupe à peu près dans la même position entre la Dominique et Antigue; Bourbon, à peu de distance de Maurice, et Cayenne, séparée seulement par Surinam de Demerari.

Quant à l'opportunité de la mesure sur laquelle nous croyons devoir provoquer l'attention publique, elle peut être justement appréciée par l'épreuve que l'Angleterre subit en cet instant sous nos yeux. Examiner la situation actuelle de ses colonies, juger si leur émancipation est devenue pour elles une mesure funeste ou un bienfait, est le premier travail dont nous devons nous occuper.

§ 2.

On connaît les principaux articles du bill d'émancipation, œuvre timide et incomplète, juste-milieu entre un affranchissement plein et entier et un reste d'esclavage et de servitude. On y voit une liberté garrottée, des droits concédés avec entraves et restrictions, des liens dont les nœuds sont relâchés et non pas rompus, enfin une de ces demi-mesures qu'il ne faut jamais prendre en révolution. Mais, tel qu'il est pourtant, le bill anglais est une magnifique et solennelle reconnaissance du plus vrai et du plus sacré des principes; c'est un imposant signal donné à toutes les nations civilisées, un drapeau levé entre les deux mondes, et le premier pas qui conduira à l'abolition de l'esclavage dans le monde entier.

On ne peut se dissimuler que la position de la législature anglaise, ayant à concilier l'intérêt des esclaves et de leurs maîtres, était des plus délicates. Si, dans sa charte octroyée, elle n'a pas osé tout ce que nous aurions voulu qu'elle osât; si, sous la forme d'apprentissage, elle a continué la servitude, en même temps qu'elle sonnait l'heure de l'affranchissement, il ne faut pas oublier, du moins, qu'elle ne s'est pas montrée plus préoccupée du besoin de paraître équitable envers la classe qu'elle dépossédait de l'esclavage que prévoyante envers celle qu'elle dotait de la liberté. Pour les uns, elle voulait une indemnité pécuniaire et une continuation forcée des travaux commencés. Aux autres, elle voulait donner, avec des occupations pacifiques et industrielles, une civilisation nouvelle et les moyens d'exister par eux-mêmes, quand les colons qui jusque là avaient pourvu à leur existence n'en seraient plus chargés. Au milieu des répulsions de toute espèce et des prévisions sinistres dont la présentation du bill fut accompagnée, le parlement n'a pu faire plus ni mieux qu'il n'a fait. Saint-Domingue, avec l'escorte de ses souvenirs si injustement invoqués, avec sa situation présente si mal appréciée, se dressait comme un invincible argument, comme une menace de désordre et d'anarchie, comme un témoignage vivant de malheur et de dépérissement. On évoquait ainsi tous les fléaux dont pouvait être frappée la société coloniale. La métropole devait regarder à deux fois en prenant sur elle les chances incertaines d'une pareille responsabilité.

Avant de dire comment le bill d'émancipation a été

exécuté, il convient peut-être de faire connaître comment il fut d'abord accueilli. Ce qu'il promettait aux uns, ce qu'il enlevait aux autres, a nécessairement fait naître au milieu d'eux une foule de dispositions qui ont influé sur son exécution, et qui peuvent faire préjuger les difficultés qu'il rencontrera parmi nous. Parmi les discussions qu'il souleva dans les différentes assemblées coloniales, je n'en choisirai qu'une; elle résume toutes les autres.

C'est le 8 octobre que lord Mulgrave ouvrit la session législative de la Jamaïque, par un discours où, sans dissimuler ses justes sujets d'inquiétudes, il appelait le concours de ses administrés et de leurs représentans pour l'application du bill.

Dans sa réponse, l'assemblée remercia le gouverneur des sages précautions qu'il avait prises afin d'assurer la tranquillité publique; elle déclara que dans ce moment d'un essai hasardeux elle ferait tous ses efforts pour rendre le changement projeté le moins désavantageux possible à la colonie; que le principe de l'esclavage était repoussé par le peuple de la Jamaïque et ne lui paraissait respectable que comme tenant à la propriété, et que, si une indemnité suffisante lui était assurée, il ne demandait pas mieux que de voir proclamer l'émancipation des noirs.

Cette réponse fut votée à l'unanimité; mais la fixation du jour de la discussion n'en fut pas moins à l'instant le sujet de vives altercations: plusieurs membres ne voulaient point qu'on s'en occupât. L'assemblée coloniale ne devait reconnaître à personne le droit de lui imposer un bill d'émancipation; d'après ses prérogatives constitutionnelles, ce droit n'appartenait qu'à elle seule.

« Nous ne sommes point les partisans de l'esclavage, dit un membre, M. Maïs; nous ne demandons qu'une juste indemnité pour des propriétés acquises. Celle qui nous est allouée, si inférieure à la confiscation qu'on nous fait subir,

paraîtra peut-être supérieure à la valeur actuelle de nos esclaves, tant on a réussi à déprécier cette valeur; cependant, tout insuffisante qu'elle est, acceptons-la pour ne pas
tout perdre. Nous n'ignorons rien de ce qu'on peut objec-
ter contre cette mesure, violation manifeste de nos lois et
de nos droits; mais que pouvons-nous contre la force? Peut-
être quelque membre influent du parlement saura-t-il un
jour nous faire rendre une tardive justice et nous faire al-
louer quelque indemnité ultérieure, plus conforme à nos
justes prétentions (1). »

M. Maïs termine son discours par la proposition d'un
projet de protestation contre l'intervention du gouvernement britannique dans le régime intérieur de la colonie,
contre la précipitation de la mesure en elle-même, et sur-
tout contre la part qui est faite aux planteurs dans l'indemnité.

L'émancipation par elle-même ne fut point attaquée,
mais seulement la forme dans laquelle on voulait la proclamer et le prix dont on prétendait la payer. A Antigue,
à la Barbade, à St-Vincent et dans la plupart des autres colonies, on se montra disposé à en admettre ou subir les
conséquences. L'assemblée législative de l'île St-Vincent,
qui voulait d'abord protester contre elle, s'en prenait sur-
tout, comme celle de la Jamaïque, à l'insuffisance de l'indemnité. Le conseil colonial refusa de souscrire à cette protestation.

Ainsi ce bill, accueilli d'abord avec répugnance ou révolte par ceux qui y voyaient une atteinte à leurs priviléges
et un vol public et officiel de leur propriété privée, n'était
déjà plus si impitoyablement repoussé. On le marchandait.
On ne niait point le principe; on abandonnait la discussion
du droit, conséquence inévitable du principe; on ne dispu-

(1 Voir le *Journal de la Marine et des Colonies.* Octobre 1833.

tait que sur le prix de l'indemnité. Les propriétaires d'esclaves ne pouvaient jamais la trouver trop forte, les défenseurs du bill jamais assez faible. Ceux-ci disaient sans doute : Quelque légère qu'elle soit, cette indemnité sera toujours une grande prodigalité et un acte pernicieux. Une nation libre doit-elle consacrer, avec de l'or, le rachat d'une liberté dont rien n'a pu prescrire la jouissance, rien légitimer la privation? Lorsqu'en 89 le peuple français a rompu ses fers, s'est-on avisé de stipuler, pour ceux qui en avaient si long-temps usé, le prix de la dîme et des corvées dont l'assemblée nationale ratifia l'abolition ; et certes si les travaux de cette assemblée consacrèrent en France une grande révolution, le bill qui, sur la surface étroite de quelques îles, rend à près d'un million d'hommes leurs droits naturels, civils et politiques, a bien aussi un caractère qui présente quelque analogie avec ce grand événement.

De plus sages réflexions et un calcul mieux entendu firent concevoir aux colons anglais que la métropole, en rachetant la liberté des esclaves, n'avait peut-être pas agi moins prudemment dans l'intérêt de leurs maîtres que dans celui de la justice et de l'humanité. Eux-mêmes, dans l'amertume de leurs plaintes, étaient forcés d'en convenir.

« Il faut vous vendre mes nègres, écrivait un planteur dans un pamphlet publié en anglais à l'île Maurice ; je ne demande pas mieux pour mon compte, si vous m'en débarrassez sur le champ. Je n'aurai plus à ma charge un certain nombre d'impotens, d'infirmes, de vieillards, de femmes en couches ou valétudinaires, d'enfans en bas âge ou pris du tétanos, et qui consomment tous sans rien produire. Je serai affranchi et du médecin, et du pharmacien, et des frais de marronage et de geôle. Lorsque j'aurai payé la journée du noir libre, c'est qu'il aura travaillé toute la journée ; parce que, pour mon bon argent, il me faudra du bon travail. Quant à son entretien, à ses vêtemens, à son logement, à ses maladies, cela le regarde. Je n'entendrai plus ce cruel rapport de chaque matin : Monsieur, un tel est souffrant, ou s'est cassé le bras en marronant ; — Monsieur, la sécheresse est forte : — Monsieur, voilà l'ouragan, tout est brisé, les cannes sont jetées à terre ; les patates même sont parties avec le vent ; nous manquons de vivres, il faut en acheter. —Et avec quoi en acheter, si le vent a tout emporté? Et je ne serai plus obligé d'emprunter à énorme intérêt pour nourrir mes gens. Ce sera leur seule et unique affaire désormais. » Ces lignes échappées à la plume du planteur mauricien expliquent la situation respective où allaient se trouver, d'une part, les anciens propriétaires d'esclaves après l'affranchissement, et de l'autre, les esclaves affranchis.

Que deviendront les colons au milieu d'une révolution qui redresse à leur niveau ces misérables nègres qu'ils foulaient aux pieds? Que deviendront les colonies privées du travail forcé de ces bêtes de somme tout à coup redevenues hommes, et voulant user de leurs droits à leur manière et jouir enfin de leur volonté? Vous pouvez encore leur imposer un travail de quelques heures, et un apprentissage de quelques années. Mais vont-ils paisiblement s'y soumettre, et quand la liberté s'offre à eux tout entière, ne la saisiront-ils qu'à moitié? Dans l'enivrement de leur première joie vont-ils reprendre ou conserver volontairement ces chaînes qu'ils ont mouillées de tant de sueurs, et arrosées de tant de larmes? Eux, enfin, qui ont si long-temps travaillé pour vos plaisirs, courbés sous le fouet et le bâton, vont-ils se baisser de nouveau sous les coups et travailler pour leurs besoins? Leurs besoins sont si peu de chose, et vous leur avez appris à les contenter à si peu de frais! Leurs jours de peine et de corvée sont si pénibles, et vous leur avez rendu la paresse si douce par l'excès de leurs travaux!...... Telles étaient les inquiétudes de tous ceux qui s'intéressent aux colonies , et sont préoccupés de l'avenir de leurs habitans. L'événement a répondu à ces questions.

§ 3.

Les premières nouvelles reçues des Antilles ne semblaient faire prévoir que les scènes les plus alarmantes pour le jour fatal de l'émancipation. A la Trinité , les nègres se rassemblaient en tumulte, et refusaient déja tout travail dans les plantations. A la Dominique, ils menaçaient de les incendier. A la Grenade, on les voyait s'enfuir au loin par centaines, essayant ainsi leurs pas pour la liberté. A Saint-Christophe, ils annonçaient quinze jours à l'avance, non seulement le projet de ne point subir la condition de l'apprentissage, mais encore de conserver de vive force la maison et les terres où ils avaient été esclaves. Le gouverneur, qui voulait les faire rentrer dans l'ordre, était assailli à coups de pierres. Tabago, Montserrat et Sainte-Lucie n'étaient guère plus tranquilles. Pour prévenir les désordres, et imposer à la population noire, toutes les forces militaires étaient sous les armes; les bâtimens de guerre croisaient dans tous les sens; les grandes et les petites Antilles étaient comme mises en état de siége. On tremblait même à la Jamaïque , malgré les mesures de précaution adoptées par le gouverneur; et tel était le malaise du présent et la crainte de l'avenir, qu'un domaine estimé, il y a quelque temps, 33,000 piastres, n'était vendu que 1,350 devant la cour de la chancellerie (1).

Cependant Tortola, Antigue , Barbade et les Bermudes jouissaient du calme le plus rassurant. Il faut remarquer qu'à Antigue la législature s'était dès long-temps préparée à l'affranchissement des esclaves; elle les dispensa de l'apprentissage, et, s'en reposant sur leur travail volontaire,

(1) Ces faits ont déjà été constatés dans un article que j'ai publié dans le *Constitutionnel* du mois d'octobre dernier.

elle défendit en même temps aux planteurs de leur refu-
ser l'occupation à laquelle ils demanderaient à se livrer
aux prix des salaires fixés par le bill. Remarquons aussi
que l'usage du fouet y avait été presque complétement
aboli depuis plus d'une année ; que la liberté absolue y était
proclamée à dater du 1er août et que l'on redoutait si peu
les effets de cette liberté, que, loin d'être en dépréciation
comme à la Jamaïque, des propriétés qui valaient à peine ;
avant le bill, et par conséquent avec leurs esclaves, 400 liv.
sterl., sont maintenant affermées jusqu'à 900 liv. sterl. Dans
ces colonies les nègres ne se préparaient à la fête de leur
émancipation qu'en allant rendre des actions de graces à
Dieu dans les églises; et des lettres de cette époque, que nous
avons eues sous les yeux, n'étaient remplies que des détails
sur les touchantes cérémonies qui ont accompagné les prières
publiques ordonnées en cette occasion. A Bermude, au lieu
des scènes de désordre et des désastres dont on s'effrayait,
au milieu de quatre mille nègres rentrés dans l'exercice de
leurs droits, les jours qui ont suivi leur affranchissement
ont été des momens de plaisir et de repos.

Les colons de la Guiane anglaise sont aussi allés au devant
des articles du bill relatifs à l'apprentissage. Ils avaient mis
ce système en pratique cinq ou six mois à l'avance, dans le
but de préparer leurs esclaves à leur nouvelle situation. Les
inquiétudes que l'on éprouvait à Demérari à l'approche du
1er août semblaient indiquer plus d'embarras dans les mesures à prendre pour régler désormais les occupations
des nègres que de crainte de les voir abuser de leur émancipation. Là aussi les prêtres de tous les cultes adressèrent
au Tout-Puissant de solennelles prières et au peuple noir
de sages exhortations. Malgré ces exhortations, quelques
mutins, dirigés par des chefs qui leur prêchaient la révolte,
furent pris les armes à la main, d'autres arrêtés en flagrant
délit d'insubordination. L'un d'eux fut puni de mort ; un au-

tre déporté dans la Nouvelle-Galles du Sud ; les moins coupables condamnés au fouet et à l'emprisonnement, condamnation que le gouverneur ne fit point exécuter parce qu'il s'aperçut bientôt que des mesures de conciliation et de douceur vaudraient mieux que des actes de rigueur et suffiraient pour rétablir l'ordre dans les plantations et l'autorité de la loi dans la colonie.

Voyons maintenant la Jamaïque. D'après les recensemens de 1829, la population esclave des établissemens anglais, dans les cinq parties du monde, se montait à 823,408 ames ; sur ce nombre 666,509 appartenaient à l'Amérique ; la Jamaïque en possédait à elle seule 341,812. On comprendra facilement toute l'importance attachée à la tranquillité de cette île, la principale des Indes Occidentales. Plus les moyens mis dans les mains du gouverneur pour maintenir l'ordre et faire respecter le pouvoir local sont étendus et doivent être efficaces, plus les résultats que l'on en attend sont dignes d'observation. Dès le 14 juillet, on avait vu quelques nègres quitter séparément les habitations où ils travaillaient ; les uns se retiraient dans l'intérieur des terres, les autres se réunissaient à quelque distance de Kingston où ils répandaient l'épouvante. On avait fait avancer contre eux un détachement de troupes de ligne et de volontaires, et six pièces de canon ; deux vaisseaux s'étaient rangés dans le port. Rockfort et les positions les plus menacées étaient garnies de troupes, toutes les autorités étaient sur leurs gardes. Cependant le 1er août, attendu comme un jour de bataille dont l'issue devait décider de la vie ou de la mort de la colonie, a été un jour de réjouissances universelles. Bientôt une proclamation du marquis de Sligo, adressée aux déserteurs, commença à en ramener un grand nombre parmi lesquels se trouvaient de vieux vagabonds qui venaient demander leur part des charges et du bénéfice de la loi. Depuis cette époque, de nouvelles désertions, de nouvelles mutineries, de nouveaux refus de se livrer aux travaux de l'apprentissage, des menaces d'incendier les plantations, quelques incendies même ont rendu nécessaire le maintien du régime militaire sans pourtant qu'il eût été besoin de proclamer la loi martiale comme on l'avait fait à St-Christophe. Aujourd'hui la tranquillité de la Jamaïque est presque partout rétablie. Les apprentis disputent seulement encore sur le salaire qu'ils réclament. Ils prétendent que ce titre d'homme libre qui leur est rendu ne doit pas être un titre honorifique avec lequel ils restent condamnés à un travail sans profit. Mais les incendies de Saranna-la-Mar, la révolte ouverte des quatre cents ouvriers de la plantation de Shrewsbury, et l'insurrection de Sainte - Anne, sont des faits dont l'exagération a été reconnue, ou les circonstances complétement démenties. Au mois de janvier, époque des dernières nouvelles, cette île, que certaines feuilles nous montraient en proie aux plus sombres alarmes, n'était occupée que de bals et de fêtes. La gazette royale, écrite sur les lieux, déclarait qu'il n'y avait de rébellion que dans l'esprit de personnes qui désiraient le désordre pour justifier le retrait du bill (a).

D'après les lettres les plus récentes du cap de Bonne-Espérance, de Tabago, Montserrat, Grenade, Ste-Lucie, St-Dominique, et de St-Kits même, que les journaux de New-York présentaient comme livré au pillage, partout le calme renaît et la culture recommence. L'on n'obtient, assure-t-on, cette culture que par la crainte des baïonnettes. Mieux vaut sans doute l'obtenir par la crainte des baïonnettes que par l'emploi du fouet et du bâton.

A Saint-Christophe, où il y avait eu coalition pour ne travailler que librement et moyennant salaire, plutôt que révolte ouverte et tumultueuse, le gouverneur Mac-Gregor a promptement suspendu la loi martiale qu'il avait un instant mise en vigueur, et l'a remplacée par une généreuse amnistie ; cette amnistie a porté ses fruits. Les nègres qui demandaient la liberté, comme ils la voyaient donner à Antigue, se sont néanmoins soumis à leur nouvelle condition, quand on leur en eut fait comprendre la nécessité, et peut-être quand on leur eut témoigné le désir de la rendre plus douce. On dit en effet que deux habitans de Saint-Christophe ont été envoyés à Antigue pour y apprécier le système qui y est établi, et que déjà cinq des plus riches propriétaires de la colonie, parmi lesquels on cite les lords Combermere et Rodney, ont affranchi les nègres de leurs plantations.

Les derniers journaux de la Barbade assurent que les apprentis y travaillent avec une ardeur et une activité inaccoutumées. Des lettres d'Antigue nous donnent à peu près les mêmes assurances. Les adversaires du bill publient qu'il ne faut attribuer ces heureuses exceptions qu'à la situation particulière de ces deux îles, dont l'une est le quartier général des forces britanniques, et dont l'autre, petite contrée toute plate, sans morne et sans bois, n'est couverte que de terres cultivables, partout cultivées, et où l'intérêt des planteurs a été de payer dès aujourd'hui le salaire des affranchis, pour n'être pas chargés du soin plus dispendieux de pourvoir à leurs besoins. Nous croyons, nous, que si les nègres d'Antigue, qui sont au nombre de 30,000, se montrent plus laborieux qu'ils ne l'étaient auparavant, c'est que leur travail est devenu un travail libre ; car la liberté leur a été rendue sans condition.

Quant au maintien de la tranquillité à la Barbade, il est, comme le retour à l'ordre de la Jamaïque, principalement dû aux magistrats civils, aux juges de paix et aux patrons qui ont conduit ou ramené les nègres par la douceur et la persuasion.

Sans doute ils n'apportent pas dans leurs ateliers une ardeur bien vive pour les occupations qui leur sont encore imposées, quand ils s'étaient crus appelés à jouir en même temps de leur travail et de leur liberté ; sans doute la culture des cannes à sucre et du café en souffrira , et le revenu des planteurs , en 1835, sera moins considérable qu'en 1834 ou 1836. Mais ce malheur peut-il être sérieusement déploré , quand on songe au grand et noble résultat qu'il doit produire? Si le commerce en souffre momentanément, il y gagnera plus tard, et pendant le reste des siècles l'humanité s'en applaudira.

Le bill d'émancipation des nègres avait été dénoncé comme le prélude d'une inévitable anarchie et du massacre général des blancs. Il y a eu agitation et malaise presque partout, insubordination et mutinerie en nombre d'endroits, coalition pour ne pas travailler ou pour exiger le prix de son travail, chez une partie des apprentis ; mais anarchie , nulle part ; pas une goutte de sang des colons n'a été versé : il y a plus, celui d'un seul nègre a été répandu. Que cette agitation se renouvelle, que ce malaise se prolonge, aurions-nous sujet d'en être étonnés ? Est-ce qu'on brise l'oppression d'un peuple sans qu'il en éprouve quelque émotion? Nous qui n'étions pas traités en esclaves, lorsqu'on voulut seulement enchaîner une de nos libertés , comment avons-nous usé des jours qui suivirent l'époque où nos droits furent de nouveau consacrés? N'avons-nous pas eu aussi notre état de crise, nos coalitions d'ouvriers, nos sanglantes émeutes, nos longues agitations? Au mois d'avril dernier elles duraient encore. Au bout de six mois, celles des nègres, pures de violence et de sang, ont déjà cessé. N'est-ce pas pour l'avenir réservé à nos colonies et pour nous-mêmes un magnifique enseignement?

§ 4.

Forcés de convenir de ces résultats aussi heureux qu'inattendus , les adversaires de l'abolition de l'esclavage ont soin de présenter les nègres des colonies anglaises comme beaucoup plus avancés que les nôtres dans la civilisation, et par conséquent beaucoup plus préparés aux bienfaits de l'affranchissement. Si elle existait réellement, à quoi tiendrait cette civilisation ? A l'amélioration incontestable du sort des nègres anglais, aux droits civils qui leur avaient été concédés. Ils étaient déjà des hommes, presque des citoyens quand on les a appelés à la liberté. Ils avaient droit de demander justice aux tribunaux civils, d'y être entendus comme témoins, et d'en appeler au jury pour les crimes qui leur étaient imputés. Ils avaient droit de disposer de leur pécule, de se racheter, de racheter leur femme ou quelqu'un des leurs. Ils avaient droit de se marier, et leurs maîtres ne pouvaient s'opposer à ces mariages, ni séparer les familles unies, en vendant ou le mari, ou la femme, ou les enfans. Si le fouet était encore en usage au milieu d'eux, aucune peine ne pouvait leur être infligée sans une espèce de publicité et de jugement. L'âge et le sexe étaient enfin respectés jusque sous la peau qui couvre la négresse et ne l'empêche pas d'être une faible créature, que la main d'un homme ne doit jamais frapper. Quelles que fussent ses fautes, aucun châtiment corporel ne lui était infligé. Et non seulement le colon n'aurait pas impunément mutilé ou maltraité son esclave, non seulement il eût été passible d'amende, de prison et dépossédé de tout titre de propriété sur sa victime, mais de même que l'esclave eût été puni de mort s'il eût assassiné son maître, de même le maître eût été frappé par la loi si à son tour, il eût assassiné l'esclave. Il y avait égalité entre eux devant l'échafaud.

Il y avait encore égalité entre eux devant Dieu. Des jours de repos, et des jours de travaux dont le produit leur était réservé, dès vêtemens qui leur donnaient quelques sentimens de décence, de bien-être et de dignité humaine, leur mariages encouragés de toutes les manières par le gouvernement n'étaient pas les seules dispositions bienfaisantes votées par les assemblées coloniales et respectées par les colons. Il n'était pas défendu d'apprendre à lire à ces nègres ; loin de là , l'Évangile devait être leur première instruction. C'était une obligation imposée par *the consolidated slave act* décrété à la Jamaïque en 1817 et adopté dans plusieurs autres îles , les années suivantes. Cet acte législatif avait voulu substituer des principes de morale à d'absurdes préjugés, des lumières religieuses à de honteuses superstitions. Ainsi la loi du Christ qui a proscrit l'esclavage était la première loi qui devait être enseignée aux esclaves comme pour leur inspirer à la fois le désir et les devoirs de la nouvelle vie à laquelle ils étaient destinés.

Notre législation n'a éprouvé aucune des modifications que nous venons de signaler dans la législation anglaise. Tout ce qui était ici un droit consacré est à peine chez nous une concession. Nous sommes encore en deçà du Code Noir. Point d'instruction, point de mariages, point d'action civile, point de recours en justice, nul droit de disposer de son pécule, nul droit de racheter sa liberté. Il y a à peine deux ans, un habitant de la Martinique enterre vivant un de ses nègres dans un tonneau ; il est condamné à 1,200 fr. d'amende, comme s'il eût tué le cheval d'un passant, ou le chien de chasse de son voisin ! Il est vrai que la Martinique est la plus immuable des Antilles. Il est vrai qu'à la Guadeloupe même les mœurs sont en progrès. Il est vrai aussi que depuis plusieurs années celles de la Guiane et de Bourbon sont sensiblement changées et que les esclaves y sont traités avec une douceur qu'on ne peut trop louer. Mais ceci tient à l'esprit philantropique et libéral ou à la raison plus éclairée de leurs habitans. L'usage tolère ; la loi n'a rien consacré. Et pourtant nulle part une loi *d'amélioration* ne serait accueillie et exécutée avec plus de facilité qu'à la Guiane et à Bourbon ; nous croyons même que la majorité des citoyens de ces deux colonies sent le besoin d'une prochaine émancipation ; et que leurs conseils ne seraient peut-être pas inutilement consultés sur cette importante question (*b*).

La Société française pour l'abolition de l'esclavage ne peut appeler trop de lumières et recueillir trop de renseignemens pour arriver au but qu'elle se propose. Procédant avec ordre et sagesse dans ses travaux, elle a dû commencer par étudier le bill anglais, réfléchir sur ses effets et publier le résultat de ses réflexions. Elle connaît et ne dissimule point les premiers obstacles que ce bill a dû rencontrer en Angleterre et ceux qu'il rencontrera parmi nous. Elle connaît aussi la différence de situation des colonies émancipées et de celles où elle veut proclamer à son tour un bill d'émancipation. Ses fondateurs ne se sont pas donné la folle mission de provoquer violemment, brusquement, sans disposition équitable, sans mesures de précaution l'affranchissement de nos populations noires. Ils désirent tous que le gouvernement prenne à ce sujet une initiative qui serait à la fois de la prudence et de l'habileté. C'est son devoir et son droit. Le devoir des fondateurs de la SOCIÉTÉ D'ABOLITION est de travailler à l'amélioration la plus immédiate et la plus complète du sort de nos esclaves, en attendant qu'ils jouissent de la liberté. Leur droit est de rechercher dès aujourd'hui les moyens les plus efficaces et les plus directs de leur faire attendre le moins long-temps possible cette liberté. Ils croient que le temps presse. Dans l'intérêt des colonies et du commerce français, dans l'intérêt de l'ordre et de l'humanité, il faut que la question de l'esclavage ait bientôt une solution. On dort peut-être en France sur cette question. On dort peut-être également sur les volcans cachés des colonies. Partout il est temps de se réveiller.

NOTES.

(*a*) Voici des nouvelles officielles de la Jamaïque plus récentes encore que celles que nous venons de citer. « En prorogeant l'assemblée législative, le 28 janvier, le gouverneur a déclaré que, suivant les rapports qu'il recevait de tous côtés, il y avait les plus fortes raisons de croire que la tranquillité ne serait troublée nulle part, et que les mesures de précaution que son devoir lui avait commandé d'adopter avaient été exécutées sans le moindre danger. Il a ajouté que les nègres étaient revenus aux sentimens de leurs devoirs et qu'ils étaient partout disposés à travailler. »

(*b*) La force des choses et le mouvement des esprits ont déjà produit chez nous ce que la législation anglaise avait produit dans les colonies britanniques. Cette législation était en avant de la situation des esclaves anglais, comme nos esclaves sont en avant de l'état abject dans lequel l'absence de toute loi libérale et protectrice les tient enchaînés. Il ne faut donc pas tirer un argument de la prétendue supériorité de civilisation des nègres anglais, contre une mesure d'émancipation parmi nous : cette mesure peut seulement être préparée avec avantage par une législation qui oblige à faire en faveur des esclaves ce que l'*usage* tolère aujourd'hui et peut défendre demain.